SENTIMENTALE
JOYEU   GRIVOISE

CHANSONNIER

GALANT

JOYEUX ET GRIVOIS,

PAR

MM. DÉSAUGIERS, A. GOUFFÉ, ÉT.
JOUDAN, ÉMILE DEBRAUX, JUS-
TIN CABASSOL, FESTEAU, ROZET
CHANU, MARCILLAC, ETC.

LEBAILLY, LIBRAIRE,
Rue Dauphine, 24.

CHANSONNIER

GALANT,

PLAISANT, JOYEUX ET GRIVOIS;

PAR

MM. Désaugiers, A. Gouffé, Et. Jourdan,
Emile Debraux, Justin Cabassol, Festeau, Rozet, Chanu,
Marcillac, etc., etc.

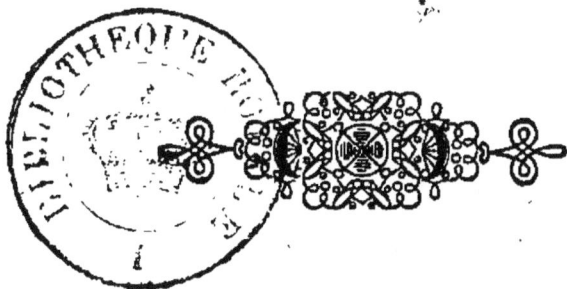

PARIS,

LEBAILLY, LIBRAIRE,
Rue Dauphine, 24.

—

1847

SAINT-CLOUD. — IMPRIMERIE DE BELIN-MANDAR.

CHANSONS

ANCIENNES ET NOUVELLES.

LA CHANSON N'EST PAS MORTE.

AIR : Un chanoine de l'Anxerrois,

A muse du joyeux Collé
Aux sombres lieux s'en est
 allé,
 A ce que l'on rapporte.
Le fait est faut. Après
 trente ans,
Afin de bien passer son
 temps,
Elle ouvrit une porte :
Et la grivoise, adroitement,
Chez Béranger prit loge-
 ment.
 Eh ! non, non, non
  Amis, la chanson,
La chanson n'est pas morte!

Panard, ajoute-t-on, passa ;
Quoi ! vous croyez qu'il trépassa ?
   Clotho fut la moins forte :
Son esprit, en quittant son corps,
N'alla pas augmenter des morts
   La piteuse cohorte ;
Il prit le nom de Désaugiers,
Et fut le roi des chansonniers.
   Eh ! non, non, non, etc.

Lorsqu'à la table de bons grivois
Unissent leurs bachiques voix,
   Il faut bien qu'il en sorte
Des couplets joyeux et falots ;
Car un dieu porteur de grelots
   Auprès d'eux se transporte.
Aussi, tant qu'on s'attablera,
Soyez certains qu'on chantera.
   Eh ! non, non, non, etc.

Quand le chantre, près du lutrin,
Psalmodie un triste latin
   D'une voix sourde ou forte,
Il mâchonne plus d'un verset ;
Mais quand il court au cabaret,

Quelle ardeur le transporte !
Il sait, en vidant les pichets,
Chanter du gai, du bon français.

    Eh ! non, non, non, etc.

Tant qu'un vieux vin nous grisera,
Tant qu'un jeune tendron viendra
    Montrer sa taille accorte,
Tant que nous aurons des désirs,
Tant que la troupe des plaisirs
    Viendra nous faire escorte,
La chanson, sans péricliter,
Aura des sujets à traiter.

    Eh ! non, non, non, etc.

Pour alimenter nos refrains,
N'avons-nous pas nos Mazarins
    Que l'impôt reconforte ?
Nos industriels éhontés,
Et des Macaires patentés
    L'intrigante cohorte ?
N'avons-nous pas nos sots faquins,
Nos Tartufes et nos Pasquins ?

    Eh ! non, non, non, etc.

Dire comme tout commença,
Cela souvent embarrassa.

   Quant à moi , peu m'importe!
Moi, sans me tracasser de rien,
Je dis comme l'épicurien :
   A Dieu je m'en rapporte.
Je me suis fait cette leçon :
Tout doit finir par la chanson.

  Eh ! non, non, non,
    Amis, la chanson,
  La chanson n'est pas morte !

JUSTIN CABASSO

JEAN QUI PLEURE et JEAN QUI RIT.

Air u vaud. du Rémouleur et la Meunière

Il est deux Jean dans ce bas monde
Différens d'humeur et de goût ;
L'un toujours pleure, fronde, gronde,
L'autre rit partout et de tout.
Or, mes amis, en moins d'une heure,
Pour peu que l'on ait de l'esprit,
On conçoit bien queJean qui pleure
N'est pas si gai que Jean qui rit.

Aux Français une tragédie
A-t-elle éprouvé quelque éche,
Vite d'une autre elle est suivie :

Le public la voit d'un œil sec ;
L'auteur en vain la croit meilleure ;
On siffle... son rêve finit...
Dans la coulisse est Jean qui pleure,
Dans le parterre est Jean qui rit.

Jean-Jacques gronde et se démène
Contre les hommes et leurs mœurs ;
La gaîté de Jean La Fontaine
Epure et pénètre les cœurs :
L'un avec ses grands mots nous leurre ;
De l'autre un rat nous convertit :
Nargue, morbleu, du Jean qui pleure !
Vive à jamais le Jean qui rit !

Dupe d'une fausse caresse,
Floricourt, ivre de désirs,
Saisit la coupe enchanteresse
Qu'un dieu fripon offre aux plaisirs.
En riant l'imprudent l'effleure,
Il la savoure, il la tarit ;
Et le lendemain Jean qui pleure
Succède, hélas ! à Jean qui rit.

Jean, porteur d'eau de la Courtille
Un soir se noya de chagrin ;

Un autre Jean, jeune et bon drille,
Tomba mort ivre un beau matin.
Et sur leur funèbre demeure
On grava, dit-on, cet écrit :
« Le ciel fit l'eau pour Jean qui pleure,
Et fit le vin pour Jean qui rit.

Auprès d'un vieux millionnaire
Qui va dicter son testament,
Le Jean qui rit est en arrière,
Le Jean qui pleure est en avant ;
Jusqu'à ce que le vieillard meure
Il reste au chevet de son lit ;
Est-il mort, adieu Jean qui pleure ;
On ne voit plus que Jean qui rit.

Professeurs dans l'art de bien vivre,
Dispensateurs de la santé,
Vous, que ne cessent pas de suivre
Et l'appétit et la gaîté,
Ma chanson est inférieure
A tout ce qu'on a déjà dit,
Et je vais être Jean qui pleure
Si vous n'êtes pas Jean qui rit.

ÉLOGE DE L'EAU.

CHANSON BACHIQUE

Air : Tarare Pompon.

Il pleut, il pleut enfin.
Et la vigne altérée
Va se voir restaurée,
Par ce bienfait divin !
De l'eau chantons la gloire,

On la méprise en vain ;
C'est l'eau qui nous fait boire
Du vin !

C'est par l'eau, j'en conviens,
Que Dieu fit le déluge,
Mais le souverain juge
Mit les maux près des biens ;
Du déluge l'histoire
Fait naître le raisin ;
C'est l'eau qui nous fait boire
Du vin !

Du bonheur je jouis
Quand la rivière apporte,
Presque devant ma porte,
Des vins de tous pays ;
Ma cave et mon armoire,
Dans l'instant tout est plein !
C'est l'eau qui nous fait boire
Du vin !

Par un temps sec et beau,
Le meûnier du village
Se morfond sans ouvrage,

Et ne boit que de l'eau.
Il rentre dans sa gloire,
Quand l'eau vient au moulin
C'est l'eau qui lui fait boire
    Du vin !

S'il faut un trait nouveau,
Mes amis, je le guette ;
Voyez à la guinguette
Entrer mon porteur d'eau ;
Il y perd la mémoire
Des travaux du matin ;
C'est l'eau qui lui fait boire
    Du vin !

Mais à vous chanter l'eau,
Je sens que je m'altère ;
Passez-moi vite un verre
Plein de jus du tonneau ;
Si tout mon auditoire
M'accompagne, à la fin.
C'est l'eau qui lui fait boire
    Du vin !

ARMAND GOUFFÉ.

L'ANGE DE POÉSIE.

Air : De ma Céline, amant modeste.

Volez, Ange de poésie !
Déployez vos ailes de feu !
Au guerrier qui m'avait choisie,
Allez porter un doux aveu !
Allez, et secondez vous-même
L'ardeur dont il est enflammé !
Ne lui dites pas que je l'aime,
Mais faites qu'il se sente aimé !

Près de lui, pour vous faire entendre,
Imitez ma timide voix ;
Apprenez-lui qu'une âme tendre
Préside à ses nobles exploits.
L'Amour fait chérir la Victoire ;
Et l'amour le rendra vainqueur,
S'il sait que le bruit de sa gloire
Retentit dans un autre cœur.

Portez-lui les sons de ma harpe,
Mes vœux et mon premier serment,
Et que l'azur de votre écharpe
Lui rappelle mon vêtement.
Chantez-lui les vers qu'il m'inspire,
Peignez mon trouble, mon effroi,
La tristesse de mon sourire,
Et tout ce qu'il aimait en moi !

Que son oreille soit charmée
Des accords qui nous ravissaient !
Que votre aile soit parfumée
Des roses qni m'embellissaient !
Caché sous un brillant nuage,
Allez protéger son sommeil !
Offrez-lui ma fidèle image
Pour qu'il me nomme à son réveil !

Mme de GIRARDIN, née DELFHINE GAY.

DÉCOUVERTE DANS LA LUNE.

(1836.)

Air : du Bâilleur éternel de Désaugiers,
ou : Qu'est-ce qu'aurait dit ça ?

Ah ! ah ! ah ! ah ! ah ! ah ! ah ! ah !
C'est surnaturel !
Pour les enrieux queu coup d'fortune !

Ah ! ah ! ah ! ah ! ah ! ah ! ah ! ah !
J'pouvons dans la lune
Tout voir, grâce à monsieur Herschel.

Aussitôt qu'viendra la brune
Sur les plac's on s'abord'ra,
Et puis chacun se d'mand'ra :
Mon gas, as-tu vu la lune ?
Ah ! ah ! ah ! etc.

On dit que dans c'pays d'Cocagne
On fait gras le vendredi :
Les rochers sont d'suc' candi ;
La mer est du vin d' Champagne.
Ah ! ah ! ah ! etc.

Leur capital' peu commune
N'offre que palais altiers :
On peut voir quatr' beaux quartiers
Tour-à-tour de dans la lune.
Ah ! ah ! ah ! etc.

On voit des castors alertes
Fumant du matin au soir ;
Et les bœufs, pour y mieux voir,
Portent des lunettes vertes.
Ah ! ah ! ah ! etc.

Là tout s'féconde, et tout pousse,
Les z'haricots et les m'lons ;
On a pas d' mauvais' saisons,
On n' voit pas de lune rousse.

Ah ! ah ! ah ! etc.

Dans c'te planète la fortune
Sourit également à tous ;
On n'voit point z'ainsi qu'cheux nous
Faire des trous à la lune.

Ah ! ah ! ah ! etc.

En amour, point de rebelle ;
Point d'jaloux, point de nigauds ;
Les homm's ont des ailes au dos
Pour voler de belle en belle.

Ah ! ah ! ah ! etc.

On y chante pas d'barcarole,
D'romance et d'air d'opéra ;
C'est à qui mieux chantera
L'air d'*Hanneton vole, vole.*

Ah ! ah ! ah ! etc.

Nous voyons des maris s'plaindre
Quand se pass' la lune d'miel;
Là bas n'y a rien de casuel,
Le croissant n'est point zà craindre.

Ah! ah! ah! etc.

Chacun avec sa chacune,
A présent, pour changer d'air,
Pourra, par les chemins d'fer,
D'la terre aller dans lune

Ah! ah! ah! etc.

Pour moi, queu chance opportune
Si j'vous plaisais par mes chants;
Hélas! c'est avec les dents
Désirer prendre la lune.

Ah! ah! ah! ah! ah! ah! ah! ah!
C'est surnaturel!
Pour les curieux queu coup d'fortune!...
Ah! ah! ah! ah! ah! ah! ah! ah!
J'pouvons dans la lune
Tout voir, grâce à monsieur Herschel.

JUSTIN CABASSOL.

L'AVEUGLE ET SON CHIEN.

COUPLETS PHILOSOPHIQUES.

Air de la bonne Vieille.

La nuit descend, le laboureur tranquille,
Pour le hameau délaisse les guérets;
Viens, mon ami, viens loin de cette ville,
Guider mes pas dans l'ombre des forêts.

Là, sur un lit aux maux inaccessible,
D'un doux sommeil attendons les bienfaits,
Mais si tu veux que le mien soit paisible,
Mon pauvre chien, ne me quitte jamais !

Lorsque le sort de fleurs parait ma tête,
Tous les mortels me flattaient comme toi,
Mais quand je fus en butte à la tempête,
Tu fus le seul qui restas avec moi.
De vils motifs n'enflamment point ton zèle,
De l'eau, du pain, voilà quels sont nos mets ;
Plus je suis pauvre et plus tu m'es fidèle,
Mon pauvre chien, ne me quitte jamais !

Tu m'as suivi sur les champs de bataille,
Et depuis lors devenant mon soutien,
Malgré le feu, le bronze et la mitraille,
Tu me voyais, tu ne redoutais rien.
A l'amitié quand des frères parjures
Sous leurs chevaux me foulaient sans regrets,
Tu restais là pour lécher mes blessures ;
Mon pauvre chien, ne me quitte jamais !

Si des grandeurs on te fait la peinture,
Rappelle-toi les maux que j'ai soufferts,

Songe surtout qu'une riche dorure
N'enlève pas la pesanteur des fers.
Un vil despote, hélas! voilà peut-être.
Ce qui t'attend dans un brillant palais.
Moi, je suis plus ton ami que ton maître ;
Mon pauvre chien ne me quitte jamais !

Il faut aimer, telle est la loi suprême,
Sans quoi la vie, hélas! n'est presque rien.
Il faut aimer, mais il faut qu'on vous aime.
Au malheureux, cela fait tant de bien !
J'éprouve encor cette flamme immortelle,
Mais je suis pauvre, aveugle... ah ! désormais,
Qui m'aimera, si tu m'es infidèle ?
Mon pauvre chien, ne me quitte jamais ?

Comme le sort, qui me portait envie,
Courba mon front plus que le poids des ans,
Je crains encor de voir pendant ma vie,
Persécuter les fils des Protestans.
Si le curé du voisin presbytère
Me refusait la tombe d'un Français,
Pour m'y placer, creuse en grattant la terre.
Mon pauvre chien, ne me quitte jamais !

P Em. DEBRAUX.

LA FEMME.

Air du vaudeville de la vallée de Barcelonnette.

Rendons hommage au Créateur
Qui nous fit présent de la femme.
De nos plaisirs elle est l'auteur,
 Du genre humain, c'est l'âme ;
Entourons de soins et d'amour
De l'Eden la fleur primitive,
Car, dans le monde, chaque jour,
 C'est par là qu'on arrive.   (bis.)

Pour réformer une cité,

Dans les camps trop longtemps nourrie,

Numa, par ses lois si vanté,

   Consultait Egerie.

Un homme d'état aujourd'hui,

Gascon de mine assez chétive,

Des femmes fait son point d'appui :

   C'est par là qu'on arrive.

Quand, pour expulser les Anglais,

Les guerriers manquaient à la France,

Aux cœurs de nos soldats français,

   Qui rendit l'espérance ?

Jeanne guide nos bataillons,

Et la France n'est plus captive;

A la gloire, nous le voyons.

   C'est par là qu'on arrive.

Voyez ce clerc, garçon charmant,

Dont chacun vante l'aptitude :

Il ne peut, malgré son talent,

   Acheter une étude.

Vieille baronne le poursuit,

Tricoteuse législative;

A l'épouser il est réduit...

   C'est par là qu'on arrive.

Lancé dans le monde à vingt ans,
Ce philosophe de collége,
D'imiter nos rusés galans,
  N'a pas le privillége.
Une femme qui rit tout bas
De sa contenance naïve,
Lui fait faire le premier pas
  C'est par là qu'on arrive.

Si de nos plus ardents désirs
La femme est bien souvent la cause,
Nous trouvons, au sein des plaisirs,
  L'épine sous la rose.
Pour une équivoque beauté,
Brûler d'une flamme trop vive,
Au tombeau, malgré la santé,
  C'est par là qu'on arrive.

En tous temps, dans tous les pays,
La femme exerça son empire,
Des duchesses et des Laïs,
  On brigue le sourire.
Des du Barry, des Pompadour,
La faveur était décisive.
A la ville, ainsi qu'à la cour,
  C'est par là qu'on arrive.

Si l'amour, à ce que l'on dit,
A l'homme fait tourner la tête,
Il donne parfois de l'esprit,
    Et révèle un poète.
La femme est un texte assez beau,
Qui sourit à plus d'un convive ;
Souvent, à chanter, au Caveau,
    C'est par là qu'on arrive.

DE CALONNE.

V'LA C'QUE C'EST QU'D'ÊT' DÉGOMMÉ

AIR : V'là c' que c'est que l' sentiment.

D'puis la dernière élection ,
Quel déchet pour la nation !

Croyez donc au discours frivoles :
  Les belles paroles
  Sont des fariboles.
Comme un commis j'suis réformé :
V'là c'que c'est qu' d'èt' dégommé.

Je répondais au point du jour,
Au premier rappel du tambour :
Vienne à présent la république,
  En place publique,
  Nous faire la nique,
Chez moi je rest'rai renfermé.
V'là c'que c'est qu' d'èt' dégommé.

C'était jadis qu'il fallait m'voir,
Me pavaner d'vant mon miroir;
Adieu mon brillant uniforme,
  Mon bonnet énorme,
  D'élégante forme !
J'ai l'air d'un vieux coq déplumé.
Vl'à c'que c'est qu' dêt' dégommé.

Chaqu' fois que j'montais au château,
C'était pour moi plaisir nouveau ;
Plus de ces repas d'étiquette.

3.

Fine côtelette,
Combien j'te regrette !
J' n'aurai pas même un consommé,
V'là c'que c'est qu' d'êt' dégommé.

Moi, qui dans mes rêv's de grandeur,
Voyais toujours la croix d'honneur.
Ils m'disaient tous : Mon capitaine,
N'soyez pas en peine ;
Attendez qu'ça vienne.
Mon ruban rouge est supprimé.
V'là c'que c'est qu'd'êt' dégommé.

Toujours au premier jour de l'an,
On m'régalait d'un rataplan ;
Mais, hélas ! depuis ma défaite,
Ma rue est muette,
Plus d'coups de baguette ;
Par l'ennui je suis consummé.
V'là c'que e'est qu' d'êt' dégommé.

Les jours de r'vue ou d'enterr'ment,
Comme j'soignais mon équip'ment !
Chacun admirait ma toilette,
Ma riche épaulette,

Ma brillante aigrette;
En tourlourou j'suis transformé.
V'là c'que c'est qu' d'êt' dégommé.

Fallait voir comme j'manœuvrais,
Et surtout comme j'travaillais
Dans l'intérêt de la patrie,
   Et la théorie,
   Et la stratégie ;
Ce beau feu-là s'est bien calmé.
V'là c'que c'est qu' d'êt' dégommé.

A présent ça m'est bien égal,
J'veux pas marcher sous mon rival :
 J'vai refuser d'monter la garde,
   Est-c' que ça me r'garde ?
   Tant pis, j'me hasarde
D'être aux haricots renfermé.
V'là c'que c'est qu' d'êt' dégommé.

FERDINAND OLIVIER.

DE lacoste.

LE PASTEUR ET SON VICAIRE.

Air : Dis-moi, mon vieux, dis-moi, t'en souviens-tu?

« Vous qui venez ici, digne lévite,
» De mes travaux partager la moitié,
» Mon jeune ami! le temps passe si vite,
» Qu'il m'a sans doute, en son vol, oublié.
» Dans quelques jours il prendra sa revanche,
» Je ne l'ai pas impunément bravé :
» Quand l'arbre reste, eh! qu'importe une branche?
» D'autres feront le bien que j'ai rêvé.

« Je suis bien vieux... jamais ma voix austère
« N'a des puissants flatté le fol orgueil ;
« Fidèle au toit du simple presbytère,
« D'aucun palais je n'ai touché le seuil.
« Mais l'infortune et la pâle souffrance
« M'ont vu toujours assis à leur côté ;
« Pour calmer l'une invoquons l'*Espérance*,
« L'autre fuira devant la *Charité*.

« Plus d'une fois, au sortir de la messe,
« Je me surpris m'arrêtant en chemin,
« Pour voir danser la folâtre jeunesse,
« Quand les vieillards jasaient, le verre en main.
« Tous reprenaient ainsi force et courage,
« Car le plaisir, puissant consolateur,
« Est pour le pauvre un séduisant mirage
« Qui lui fait croire un instant au bonheur.

« Séchons les pleurs, pardonnons chaque offense,
« En un comptoir ne changeons pas l'autel ;
« Surtout prêchons la paix, la tolérance,
« Et notre encens parviendra jusqu'au ciel.
« Venez à nous, discrètes pécheresses,
« Notre indulgence absoudra vos erreurs ;
« Dieu compâtit aux humaines faiblesses,
« Et Madeleine attend là haut ses sœurs.

« Ma vieille Bible a de sages maximes ;
« Consultez-là, mon fils, chaque matin,
« Vous y lirez les dévoûmens sublimes
« Du Dieu fait homme et du Samaritain.
« Étudiez cette terre où nous sommes,
« Riche de fleurs et féconde en moissons ;
« C'est là le livre ouvert à tous les hommes ;
« Chaque feuillet vous offre des leçons.

« Je touche au but de ma longue carrière ;
« En souriant, l'âme du vieux pasteur
« Va murmurer sa dernière prière,
« Puis remonter vers son divin auteur.
« En propageant une sainte croyance,
« De mon troupeau j'ai mérité l'amour,
« Et j'interroge en paix ma conscience :
« Vienne la mort !... c'est le soir d'un beau jour.

CH. ROMAGNY.

LE PAGE.

ROMANCE

Air de Mme Pauline Duchambge.

J'ai quitté le village,
Et ma mère, et ma sœur,
Pour être premier page
Page de Monseigneur.
Quelle noble opulence
Dans ce vaste château
Que de magnificence !
Que tout m'y semble beau!
Et pourtant je regrette,
Je regrette, en secret,
La chaumière qu'Annette
Avec nous habitait.

Le matin dans la plaine,
Sur mon blanc destrier,
Je suis la châtelaine
Et lui sers d'écuyer.
Dieux ! que j'ai bonne mine
En pourpoint de velours,
Quand l'or sur ma poitrine

Brille en mille contours ;
Et pourtant je regrette,
Je regrette en secret,
La fleur des champs qu'Annette
Tous les jours y plaçait.

Le soir pour nous distraire,
Châtelaine parfois
Sur sa harpe légère
D'amour redit les lois ;
Voix fraîches et jolies
Répètent ses accens....
Leurs douces mélodies
Enivrent tous mes sens ;
Et pourtant je regrette,
Je regrette en secret,
La simple chansonnette
Qu'Annette me chantait.

Dame de haut-lignage,
Que je n'ose nommer,
M'a dit un soir : « Beau page,
Ne veux-tu pas m'aimer ?
Je veux être ta dame,
Et de dons amoureux

Saurai payer ta flamme ! »
Je devrais être heureux....
Et pourtant je regrette,
Je regrette en secret,
Le seul baiser qu'Annette
En partant me donnait.

MÉLESVILLE.

LES TOASTS.

Air : Amis, voilà la riante semaine.

A la santé boire est de mode antique,
Nos devanciers en ont formé les vœux,
Conservons bien cet usage bachique
Pour le transmettre à nos derniers neveux.
Au vigneron qui met toute sa gloire
A nous fournir du vin non frelaté,
Avec respect d'abord il nous faut boire,
Bacchus l'a dit, buvons à sa santé.

Depuis longtemps le beau sexe est volage,
Mais si ses torts nous mettent en courroux,
En vérité c'est un peu notre ouvrage ;
De le tromper nous nous montrons jaloux.
Avec raison lorsque je vous révèle
Et sa faiblesse et sa légèreté,
S'il est au monde une femme fidèle,
Dépêchons-nous de boire à sa santé

Le citadin, au sein de la paresse,
De son pays croit être le soutien ;
Dans les plaisirs il nage avec ivresse,
Il dort, boit, mange, et n'est utile à rien.
Le campagnard base son espérance
Sur les produits de son activité ;
Mais s'il fait plus, s'il combat pour la France,
Au nom de Mars, buvons à sa santé.

A bas Molière ! ah ! quel affreux blasphême !
Et cependant quelqu'un l'a prononcé !
Comme un volcan, à ce cri d'anathême,
Tout un public se leva courroucé !
Gloire à l'auteur, oui, qui, dans sa carrière,
Relèvera le théâtre attristé ;
S'il peut un jour nous rappeler Molière,
Buvons déjà, buvons à sa santé.

Heureux l'enfant qui conserve son père,
Et qui sans cesse en reçoit des secours ;
Bien plus heureux dans les bras de sa mère,
Le jeune enfant qui peut couler ses jours !
Mais l'orphelin, il vit à l'aventure !
Que ferait-il sans l'hospitalité ?
Il n'a pour mère, hélas ! que la nature !
En le plaignant, buvons à santé.

Toi, desservant de la gastronomie,
Restaurateur, qui satisfais nos goûts ,
Avec nous tous pour vivre en harmonie,
Tâche d'en mettre aussi dans tes ragoûts.
Pour illustrer la cuisine française,
Pour nous prouver son unique bonté,
Va travailler au sein d'une fournaise ;
Et nous, au frais, buvons à sa santé.

Buvons, amis, à l'homme incorruptible,
C'est le moyen de ne pas nous griser ;
Buvons surtout à fillette sensible,
Qui dans nos bras veut bien s'humaniser.
Buvons toujours aux lurons bons apôtres,
Buvons de cœur à nos célébrités ;
Mais en buvant à la santé des autres,
N'oublions pas de boire à nos santés.

Eugène Décour.

Chante toujous.

Air : C'est le roi des plaisirs. (PANARD.)

De l'opéra, chanteur sublime.
Dont la bouche est comme un abîme

Quand ta voix fait de grands éclats,
  Ne chante pas ;
Mais toi dont chaque son se file
Simplement dans le vaudeville,
Dont la voix suit gaiement son cours,
  Chante, chante toujours.

Toi qui, dans le cours de la vie,
Sans cesse miné par l'envie,
Evites les joyeux ébats ,
  Ne chante pas ;
Mais toi, dont l'aimable folie
Et la douce philosophie
Prennent soin d'embellir les jours,
  Chante, chante toujours.

Chansonnier rempli d'un faux zèle,
Tout ce qui sort de ta cervelle
Ne fait qu'embrouiller nos débats ,
  Ne chante pas ;
Toi qui, dans un style énergique,
Flétris la licence impudique,
L'orgueil et les vices des cours,
  Chante, chante toujours.

Toi, chantre, orgueil de ma patrie
Les suppôts de la tyrannie
En vain te répétaient tout bas :
    Ne chante pas ;
Mais à la liberté fidèle,
Tu n'eus des accords que pour elle,
Et ton luth vint à son secours,
    Chante, chante toujours.

Toi, dont la jalouse détresse
Soupire après une maîtresse
Qu'un rival retient dans ses bras,
    Ne chante pas ;
Mais toi, dont l'âme indifférente,
Pour se venger d'une inconstante,
Gaîment vole à d'autres amours,
    Chante, chante toujours.

Zélé partisan de la tonne,
Alors que la vigne bourgeonne,
La grêle fait-elle fracas ?
    Ne chante pas ;
Mais après de belles vendanges,
Bacchus a droit à tes louanges ;
Malgré la perte des beaux jours
    Chante, chante toujours.

Ph. VIONET.

Le Rideau.

Air : Contentons-nous d'une simple bouteille.

La nuit de nière, au milieu d'un beau rêve,
D'une chanson je couvais le projet ;
A mon esprit ne laissant plus de trève,

Mon deux réveil lui demande un sujet.
Soudain ma vue aperçoit une gaze
Devant mon lit déroulant son bandeau ;
Je dis alors : Sans sortir de ma ease,
J'ai mon sujet, déployons le rideau.

Levant le eoin d'un rideau de fenêtre,
Conbien ôe fois la naïve beauté,
Sur le passant, qu'elle croit reconnaître,
Lance un regard de maligne gaîté !
Dans la mansarde, éphémère élysée,
Si d'un ami Lise accepte un cadeau,
Sa main bien vite attache à la croisée
Châle discret pour servir de rideau.

En un réduit, quoi ! nouvelle Arthémise,
T'ensevelir, les yeux noyés de pleurs,
Lorsqu'Hippocrate et sa docte entremise
N'eût pas sauvé l'objet de tes douleurs !
Reviens couler des jours que l'on envie ;
Des noirs soucis loin de toi le fardeau :
Sur les regrets et les maux de la vie,
Nous t'aiderons à tirer le rideau.

Ambitieux qui, prodige d'intrigue
Revêts par jour vingt masques différens,
Dans les palais que ta savante brigue
A tes rivaux dispute les hauts rangs.
Donne le branle à tes marionnettes,
Et qu'à la bourse accoure ton landau :
Si tu n'en peux revenir les mains nettes,
Tu te tiendras derrière le rideau.

Prêt à braver la sévère critique
Par les efforts d'un génie exigu,
De son chef-d'œuvre un aiglon romantique
Hier prétendait enrichir l'Ambigu.
Son mélodrame, admis au répertoire,
Fait dominer le sabre et le cordeau ;
Et quand l'auteur croit saisir la victoire,
Il voit tomber l'œuvre avec le rideau.

Vous admirez cette actrice au théâtre,
Jeanne ou Lucrèce, ou Nina tour à tour,
Du chaste honneur se montrant idolâtre
Et défiant le carquois de l'amour :
Son air altier, vertu de pacotille,
Va s'incliner près d'un godelureau ;

Et notre Agnès, au bijou qui scintille,
De son boudoir laisse ouvrir le rideau.

Le cœur bercé d'une folle espérance,
J'ai cru tenir les plus charmants couplets ;
La vérité trompe mon assurance,
Ma voix n'a plus que des sons incomplets.
Daignez sourire à ma muse enjouée
Qui, comme vous, nargue les buveurs d'eau
Mes bons amis, quand la farce est jouée,
Enivrons-nous et tirons le rideau.

ALBERT-MONTÉMONT.

Ma Mansarde.

Air : En avant, bon courage. (Adam.)

Au diable la richesse !
Mieux vaut franche gaîté :
Pour la joyeuse ivresse,
Vive la pauvreté !

Au présent je me fie :

Que me fait l'avenir ?
Aujourd'hui la folie,
Demain je puis mourir.
Au diable, etc.

Paul usa son bel âge
Au loin pour un peu d'or :
Il revient... un naufrage
Coule à fond son trésor.
Au diable, etc.

Par certaine baronne
Le plaisir est soldé ;
Mais celui qu'elle donne
N'est qu'un plaisir fardé.
Au diable, etc.

L'amour, dans ma mansarde,
Rit sur mon lit défait :
Mondor voit la camarde
Assise à son chevet...
Au diable, etc.

Comparez l'air d'envie
Et l'œil creux d'Harpagon,

A la mine fleurie
Du pauvre Anacréon.
Au diable, etc.

Épicurien dans l'âme
John-Bull, dans la cité,
Hier vendit sa femme
Pour boire à sa santé !
Au diable, etc.

Au pauvre, à sa compagne,
Que faut-il aux beaux jours ?
Un flacon de champagne
Et des baisers toujours.
Au diable, etc.|

Que la parque m'appelle :
Sans regrets, sans chagrin,
Je suivrai la cruelle
Ne laissant qu'un refrain :
Au diable la richesse !
Mieux vaut franche gaîté :
Pour la joyeuse ivresse,
Vive la pauvreté.

AIMÉ GOURDIN.

Ma Femme et mon Chien.

Air : Il n'est qu'un bien , Il n'est qu'un mal.

J'aime et je chante constamment
Un être sensible et fidèle ,
Soigneux , discret et caressant ,
Des cœurs aimans c'est le modèle :

Mais qui sait donc aimer si bien ?
Ah ! c'est ou ma femme ou mon chien.

Il est sincère, et nul, je croi,
N'a pu le surprendre en mensonge ;
Il ne s'occupe que de moi,
Quand il veille ou pendant qu'il songe.
Mais qui sait donc aimer si bien ?
Ah! c'est ou ma femme ou mon chien.

Partout il suit toujours mes pas,
Avec moi dort et se promène,
Partage mon lit, mon repas,
Mon plaisir ainsi que ma peine :
Mais qui sait donc aimer si bien ?
Ah! c'est ou ma femme ou mon chien.

Jamais imposture ni fard,
N'ont chez lui gâté la nature ;
Il aime et le prouve sans art,
Comme il sait plaire sans parure :
Mais qui sait donc aimer si bien ?
Ah ! c'est ou ma femme ou mon chien.

Quelquefois Il se fâche un peu,
Mais je ris de cette colère ;
Quand il me grogne c'est un jeu,
Il montre les dents pour me plaire :
Mais qui sait donc gronder si bien
Ah ! c'est ou ma femme ou mon chien.

Cet être, plus faible que moi,
A sur moi pris un tel empire,
Que dans ses yeux je lis ma loi ;
Par lui je me laisse conduire :
Qui peut me maîtriser si bien ?
Ah ! c'est ou ma femme ou mon chien.

A. de Cœur.

LA CHATELAINE.

CHANSONNETTE.

Air : c'est la petite Thérèse.

Je vous défends, châtelaine,
De courir seule au grand bois.

— M'y voici tout hors d'haleine :
Et pour la seconde fois,
J'aurais manqué de courage
Dans ce long sentier perdu ;
Mais que j'en aime l'ombrage !
Monseigneur l'a défendu.

Je vous défends, belle mie,
Ce rondeau vif et moqueur.
— Je n'étais pas endormie
Que je le savais par cœur.
Depuis ce jour je le chante,
Pas un refrain n'est perdu ;
Dieu ! que ce rondeau m'enchante !
Monseigneur l'a défendu.

Je vous défends sur mon page
De jamais jeter les yeux.
— Et voilà que son image
Me suit, m'obsède en tous lieux :
Je l'entends qui, par mégarde
Au bois s'est aussi perdu ;
D'où vient que je le regarde ?
Monseigneur l'a défendu.

Monseigneur défend encore
Au pauvre enfant de parler ;
Et sa voix douce et sonore
Ne dit plus rien sans trembler.
Qu'il doit souffrir de se taire !
Pour causer quel temps perdu !
Mais, mon page, comment faire ?
Monseigneur l'a défendu.

Mme DESBORDES-VALMORE.

LE ROYAUME DES BUVEURS.

Air de la romance de Téniers.

Sages du jour, féconds en épigrammes
Contre Bacchus et ses nobles enfans,
De soie et d'or Clotho file nos trames
Pour nous venger de vos traits innocens ;
Une déesse aux cents voix immortelles,
Prône mon Dieu, son culte et son pouvoir :
De pampres verts elle forme ses ailes,
Et pour trompette embouche un entonnoir.

Soldat heureux de qui la renommée
A fatigué la gloire et son clairon,

Géant doré, tu n'est qu'un roi pygmée,
Près de mon roi buveur et vigneron.
Si ta valeur d'un glaive a fait un trône,
Lui d'une tonne a fait un piédestal ;
De pampres verts, nous tressons sa couronne;
Un cep de vigne est son bâton royal.

Toi dont Plutus est le dieu tutélaire,
Pour nos celliers délaisse tes lambris ;
Viens de Bacchus hanter le sanctuaire,
A nos concerts viens marier les cris.
La coupe d'or, du poison est l'insigne...
D'un jus divin nos verres sont parés ;
Notre palais est un berceau de vigne,
Et nos lambris sont des raisins dorés.

Sur tes sophas ou dans ton antichambre,
Tu crois fixer les ris et les amours ;
Un tel bonheur, Céladon couvert d'ambre,
Est sous le chaume et non sur le velours.
A nos chevets la Bacchante légère,
Pour nos plaisirs vient folâtrer le soir ;
De nos amans, le pampre est la fougère,
De nos amours la cave est le boudoir.

Foin du héros chargé d'ans et de gloire,
Qui, pour Bellone a négligé Bacchus !
Foin du richard fatigant sa mémoire
A calculer le sort de ses écus !
Le gai buveur ne livre de batailles
Qu'aux vieux flacons où sont les vins choisis :
Cordons et croix, valent-ils nos futailles ?
Au lieu d'écus, nous comptons nos rubis.

Quand l'Éternel de son souffle céleste
Donne la vie au frêle citadin,
Pour lui ce don est un présent funeste,
Pour le buveur elle est un long festin.
Nourri d'un lait à la gaîté propice,
Il naît au bruit du verre et de l'archet :
De nos enfans la vigne est la nourrice,
Chaque bourgeon pour eux est un hochet.

Quand le trépas vient au sein de l'orgie,
D'un biberon terminer les destins ;
La nappe encor de vin toute rougie
Est le linceul qu'il trouve en nos festins.
Son *requiem* est un refrain bachique,
Et sur sa tombe, en forme de tonneau,
Bacchus écrit ce court panégyrique :
« Ci-gît et dort un enfant du caveau. »

RAUZET DORINIÈRE.

PETITS OISEAUX,

VOUS IGNOREZ L'HIVER.

Air de la Robe et les Bottes.

Ou : Gardez vos dieux, vos plaisirs et vos fers.

Essaim léger, que le printemps vit naître,
Petits oiseaux qui jouez dans les fleurs,
L'hiver est là, vous allez le connaître,
Chantez, chantez avant ces jours de pleurs !
Notre destin est du vôtre l'image,
Un peu d'espoir rend l'homme heureux et fier :
Vous vous tairez au moindre bruit d'orage ;
Petits oiseaux, vous ignorez l'hiver !...

Vous vous croyez les rois de la nature :
A vous d'abord et ses fruits et ses grains ;
Si largement arrive la pâture !
Tant d'abondance excite vos dédains !..
Ainsi que vous, quand le sort nous protège,
Pouvons-nous craindre un avenir amer ?
Champs et vergers se couvriront de neige !
Petits oiseaux, vous ignorez l'hiver !...

Un nid de mousse au milieu du feuillage
Devient, pour vous, le trône des amours.
Parfois, pourtant votre cœur est volage,
Tant vous comptez sur d'éternels beaux jours !
Pour mieux braver l'aquilon en furie
Ayez demain la compagne d'hier ;
On est si fort près de fidèle amie :
Petits oiseaux, vous ignorez l'hiver.

Votre concorde en gais concerts s'exprime,
De tant de biens, vous êtes entourés !
Mais que la part en devienne minime,
On vous retrouve ennemis déclarés !
Pour conserver les fruits d'une rapine,
Vous combattez, le bec tient lieu de fer :
L'union cesse, où l'intérêt domine :
Petits oiseaux, vous ignorez l'hiver !

En ce temps là, qu'en tremblant je présage,
Vous aurez vu la rose se flétrir,
L'onde, en glaçons, s'enchaîner à la plage;
De ses rameaux l'arbre se dégarnir !..
Vous aurez vu Philomèle étonnée,
Perdre sa voix au milieu de l'éther :
De toute gloire, indigne destinée;
Petits oiseaux, vous ignorez l'hiver.

Ceux qui tantôt, d'une aile maternelle,
Vous ont sauvé d'un douloureux frisson,
Vous leur devrez un jour le même zèle;
Ils seront vieux à la froide saison.
A ses parens, les soins de son enfance,
Peut-on jamais les payer assez cher :
Préparez-leur des greniers d'abondance;
Petits oiseaux, vous ignorez l'hiver !

Hiver veut dire abandon et tristesse,
Stérilité, souffrances et regrets;
Mais je m'arrête, aux fleurs de la jeunesse
Imprudemment je mêle des cyprès....
A mes leçons n'usez pas votre aurore,
Jours de bonheur passent comme l'éclair;
Qu'il vous soit doux de me répondre encore;
Petits oiseaux, vous ignorez l'hiver !..

AUGUSTE GIRAUD

LA MARCHANDE DE COCO.

ACTUALITÉ.

Air de la Monaco.

Prenez un verre
De mon coco,

Vous tous que la chaleur altère
    Prenez un verre
    De mon coco
Pour un liard on boit à gogo.

Sans cesse agitant ma sonnette,
On me voit courir tout Paris,
Et sur un air de chansonnette
Répéter ces mots favoris :
    Prenez, etc.

Encor fraîche, je ris, je jase,
Et pour moi plus d'un cœur fléchit ;
Mais ces cœurs que mon œil embrâse
Ma tisane les rafraîchit.
    Prenez, etc.

Des amours, pour vider la coupe,
Vous qui donnez un argent fou,
Venez chez moi, venez en groupe
Boire quatre coups pour un sou.
    Prenez, etc.

Si ma tisane est fraîche et saine,
Plus que celle qu'ailleurs on vend,
C'est que ma petite fontaine
Est visitée assez souvent
    Prenez, etc.

Marchands qu'impose la douane,
Chez vous les goûts sont peu flattés ;
Ma simple et modeste tisane
Vaut mieux que vos vins frelatés.
  Prenez, etc.

Lise, quand c'est l'amant qui paie,
Ne veut boire que du porto ;
Dès qu'il supprime la monnaie,
Elle revient à mon coco.
  Prenez, etc.

Moutards très friands de galette,
Manger sans boire est rococo ;
Pour que la fête soit complète,
Venez goûter à mon coco.
  Prenez, etc.

Ce noble roi que rien n'égale,
Au théâtre boit le nectar,
Puis, en sortant, le prince avale
La tisane du boulevart.
  Prenez, etc.

Je vends de mon liquide aux femmes.
A peine quelquefois par an ;
Car j'ai remarqué que ces dames

Se jettent plutôt sur le *flan*.
　　Prenez, etc.

Peuple, buvez en abondance,
Le coco va faire couler
Ce que depuis longtemps, en France,
Vous êtes forcé d'avaler.
　　Prenez, etc.

Si bien des grands ont sur la terre
L'aï, puis le remords rongeur,
Il reste au joyeux prolétaire
Le coco, puis la paix du cœur.
　　Prenez un verre
　　De mon coco,
Vous tous que la chaleur altère ;
　　Prenez un verre
　　De mon coco,
Pour un liard on boit à gogo.

MOINAUX.

LES MARIONNETTES.

Air : A tous les coups l'on gagne,
Ou du Curé de Pomponne.

I u Séraphin admirateur,
   Dans son métier j'excelle ;
Je mets en scène maint actéur
   Dont je tiens la ficelle.

J'ai pour singler les pius mutins,.
   Le fouet de la satire ;
Sautez, sautez, sautez, pantins,
   Allons, faites-moi rire.

Fiers soutiens du drame nouveau
   Acteurs épileptiques,
Soyez, pour gagner un bravo,
   Bien sombres, bien tragiques ;
Dans vos efforts, nouveaux Tautins,
   Le faubourg vous admire ;
Sautez, sautez, sautez, pantins,
   Allons, faites-moi rire.

Au paete qu'il avait juré,
   Dans une auguste enceinte,
Un roi de prêtres entouré
   Osa porter atteinte ;
Il fit si bien qu'un beau matin,
   Le peuple lui dit : Sire,
Sautez, sautez, sautez, pantin,
   Allons, faites-moi ire.

Brutus imberbes, qui rêvez
   Les honneurs, la puissance,
Vousqu'en remuant les pavés,

On fit surgir en France,
Grands politiques, gilotins,
Qui régentez l'empire,
Sautez, sautez, sautez, pantins,
Allons, faites-moi rire.

Des béguines, enfants chéris,
On plaint votre infortune ;
Prélats si frais, si bien nourris,
Qui nous gardez rancune,
Essayez vos foudres éteints,
Et jouez au martyre.
Sautez, sautez, sautez, pantins,
Allons, faites-moi rire.

Grands bavards qui, par vos caquets,
Gagnez un ministère,
J'aime à vous voir, petits roquets,
Trancher du dignitaire.
Quand vous prenez vos airs hautains,
J'éprouve un gai délire ;
Sautez, sautez, sautez, pantins,
Allons, faites-moi rire.

Pourtant, c'est un méchant métier
Que celui de médire.

Et je vois, sans être sorcier,
    Mon sort aú sombre empire ;
J'entends déjà maint diablotin,
    Dire en me faisant frire :
Sautez, sautez, sautez, pantin,
    Allons faites moi rire.

LESUEUR.

N'ALLEZ PAS SI VITE.

Air : Quand on ne dort pas de la nuit.

Il faut se hâter lentement,
Dit un vieux proverbe fort sage,
Et je pourrais, en ce moment,
Vous endormir profondément
Par un sermon de cet adage.
Mais à tempérer vos désirs
Tout simplement je vous invite :
En affaire comme en plaisirs,
Mes amis (bis), n'allons pas si vite.

Du bon vieux temps je fais grand cas,
J'aime   ses mœurs et son langage ;
Je crois pourtant qu'il ne faut pas
Retourner toujours sur ses pas,
Pour revenir au moyen-âge,
Vous qui dirigez vos jalons
Vers ce passé qu'on ressuscite,
Quand vous marchez à reculons,
Croyez-moi (bis), n'allez pas si vite.

D'effroi tous mes sens sont glacés,
J'entends au loin des voix plaintiv ;
Je vois cent wagons renversés
Et mille voyageurs blessés,
Du choc de deux locomotives.
S'il nous fautpayer aussi cher
Votre imprévoyance maudite,
Directeurs des chemins de fer,
Eh ! mon Dieu !.(bis) n'allez pas si vite

De l'honneur vous aurez le prix,
Vieux soldats qu'admire la France ;
Artistes, savans, beaux esprits,
Vos nobles travaux, vos écrits
Ont droit à même récompense.

Mais vous qui courez à la cour
Mendier la croix du mérite,
Pour vos longs services... d'un jour,
Par pudeur (bis), n'allez pas si vite.

Nos industriels font grand bruit
D'une merveilleuse entreprise ;
Un prospectus qui nous séduit
Promet cent pour cent de produit,
Quand chaque action sera prise...
Puis... l'inventeur intelligent
Avec les fonds prendra la fuite.
Ah ! pour lui porter votre argent,
Souscripteurs (bis), n'allez pas si vite.

Fashionables et dandys,
Riches oisifs à tête vide,
Quand vous traversez tout Paris,
De vos coursiers, de vos wiskis,
On redoute l'élan rapide.
Remarquez sur votre chemin
Le vieillard qui vous sollicite,
L'aveugle qui vous tend la main :
Par pitié (bis), n'allez pas si vite.

En poste Edmond part de Paris,
Convaincu que sa vieille tante,
Qui vient d'entrer en Paradis,
Lui laisse, en fonds bien arrondis
Au moins dix mille écus de rente.
Mais pour un Tartufe maudit
La dévote le déshérite;
C'est le saint homme qui lui dit:
Halte-là! (bis) n'allez pas si vite.

Parfois, j'en conviens avec vous,
Il faut se piquer de vitesse,
Et lorsqu'à nos banquets si doux
L'amitié donne rendez-vous,
D'accourir gaîment on s'empresse.
Ainsi donc à rire, à chanter,
Que l'Aï mousseux vous excite.
Mais quand il faudra nous quitter,
Chers amis (bis), n'allez pas si vite.

De Tournay.

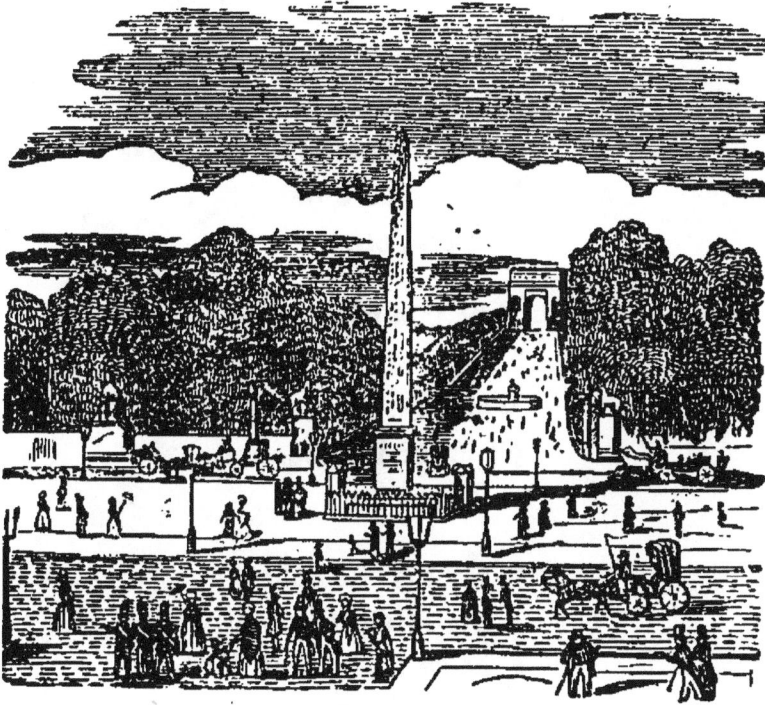

L'OBÉLISQUE.

Air : Vivent les Grisettes.

Vive l'Obélisque !
Viv' du haut en bas,
Le Bas.
Au rageur qui bisque,
J' dis tu perds tes bas !

L'aut' jour ma princesse,
M' chanta : j'ai l' projet
De voir comment s' dresse
Un si gros objet.
 Vive, etc.

J' ly fais prendr' quèuqu'chose,
Et j' ly dis : viens-t'en
Voir cett' fameus' pose,
Et jouer l' cabestan.
 Vive, etc.

C'était d' Cliopâtre
L'aiguille, et l'on dit
Que sa main d'albâtre
Anima c' granit.
 Vive, etc.

Si c'est l'*apologe*
D' son activité,
C'est aussi l'éloge
D' sa capacité.
 Vive, etc.

Gn'ia d'ssus d' l'écriture,
Oùs c' que l' plus malin;

S' met à la torture
Pour perdr' son latin
   Vive, etc.

Ognons et vit'lottes,
Dieux des Égyptiens,
Vous êt's des carottes,
Q' nous tir'nt les anciens.
   Vive, etc.

La machine est prête,
Monsieur L' Bas, que j'vois,
Prend sa p'tit'... trompette,
Et grossit... sa voix.
   Vive, etc.

Aux efforts tout cède,
Et, s'lon son désir,
V'là son cabl' qu'est raîde,
Q' c'est à fair' plaisir !
   Vive, etc.

Sa femm' fortunée,
Doit êtr' fièr', c'est clair,
D'voir dans c'te journée,
Tous les homm's en l'air.
   Vive, etc.

L' môm' qu'on voit s'permettre
Tout' chos' ici-bas,
S'écrie : y va l' mettre,
Y n' le mettra pas.
    Vive, etc.

J' le rappelle à l'ordre,
Et j' lui dis : Moutard,
Voyons, tâch' donc d' mordre
Sur c' monument d' l'art.
    Vive, etc.

A la bell' Mad'leine,
Brav' fill' sans orgueil,
C' bijou là, sans peine,
Doit donner dans l'œil.
    Vive, etc.

Enfin, sans plus d' phrase,
Sans s' mettr' sur les dents,
Le v'là sur sa base,
Et les malins d'dans.
    Vive, etc.

L' Anglais, plus capable,
En l' dressant aut'fois,

D'un morceau semblable,
En a su fair' trois.
   Vive, etc.

Plus d'un plaisant raille
A tort, de Luxor ;
J'dis q' cett' pierr'... de taille
Vaut son pesant d'or.
    Vive, etc.

Q' larc de nos victoires,
N' concoiv' pas d' douleur,
Tous deux r'trac'nt des gloires,
Et les gloir's sont sœurs.
    Vive, etc.

D' Paris jusqu'à Rome,
Bref, ne dit-on pas :
C'est donc un grand homme
Q' ce p'tit Monsieur Le Bas
     Vive l'Obélisque !
Vive du haut en bas,
   'Le Bas.
Au-rageur qui bisque,
J' dis : tu perds tes bas.

ALPHONSE SALIN.

LE TITI DE SEIZE ANS.

Air : Montez, montez, gentils garçons, (F.   ......,
Ou : Chacun son goût, sa passion,

Voir passer sans   aint' sans soucis,
    Les journées
    Et les années,
En narguant amis, ennemis,

Voilà le titi de Paris.
Tra la la la la psit, psit la
Tra la la la la la ti la la ,
Tra la la la la la psit, psit la ,
Tra la la la la la ti, la la.

Le présent seul'ment l'intéresse,
Car il n'vit qu'au jour le jour ,
Et fait, quand la faim le presse,
Plus de vintg métiers tour à tour.
Voir passer, etc.

Quand il n'a pas de domicile,
Ou quand il n'en veut pas chercher,
Bon dormeur et peu difficile,
Près d'une borne il va s'coucher.
Voir passer, etc.

Il porte, simple dans sa mise ,
Pantalon rouge de troupier,
Bonnet d'polic', bourg'ron , chemise ,
Rar'ment des bas dans ses souliers.
Voir passer, etc.

Pour ses aliments favorites ,
Riche ou gueux, et bon an mal an ,

Il mang' des pommes de terr' frites,
D'la galett', des chaussons, du flan.
Voir passer, etc.

Son élément, c'est le tapage :
Il ne fuit jamais le péril,
Si l'émeut' donne de l'ouvrage,
Il y fait le coup de fusil.
Voir passer, etc.

Son humeur farceuse et caustique
N'connaît juste milieu ni frein :
Son langage est franc, énergique :
Et c'qu'il dit tape dans l'bon coin.
Voir passer, etc.

Il a pris pour ses galeries,
Les p'tits spectacles du boul'vart
Il amuse par ses plaisant'ries
L'municipal comm' le moutard.
Voir passer, etc.

A-t-il quelques ronds dans sa poche,
A la Courtille on l'voit pochard,
Pour un mot flanquer un' taloche,
Tirer la savate avec art.
Voir passer, etc.

Ne connaissant aucune gêne,
Aucun obstacle à ses désirs,
Prenant pour modèl' Diogène,
Il se livre à tous les plaisirs.
Voir passer, etc.

La polic' correctionnelle
Le met-elle à l'ombre parfois.
Il dit, sans se fâcher contre elle :
« C'est du pain d'cuit pour quelques mois. »
Voir passer sans craint', sans soucis,
    Les journées
    Et les années,
En narguant amis, ennemis,
Voilà le titi de Paris.
Tra la la la la la psit, psit la,
Tra la la la la la ti la la,
Tra la la la la la psit, psit la,
Tra la la la la la ti la la.

THÉODORE MARTIGNON.

LE PAILASSE.

Air : Moi, je flâne

Vrai Paillasse,
Sur la place
En équilibre, en audace,

Toujours
   J'efface et surpasse
Les meilleurs faiseurs de tours.

Accourez petits et grands,
Venez voir du saltimbanque
Les tours de forc' : rien n'y manque ;
J'en ai des myrobolans !
En plein air il faut que j' saute,
Car, pour ça, j' n'ai pas mon s'cond
Dans la salle mêm' la plus haute
J' pourrais m' cogner au plafond.
   Vrai Paillasse, etc.

Sur mon menton, sans broncher,
Je fais tourner cette chaise ;
Un quart d'heur', ne vous déplaise,
J' la port'rai sans trébucher !
Les gens du plus gros calibre
M'emprunt'nt et n' s'en vantent pas,
Ma soupless', mon équilibre
Pour s' sauver d' ben des faux pas.
   Vrai Paillasse, etc.

Un jour, prenant ses ébats,
Mon pèr' fit un' cabriole

Dans les nuag' v'là qu'il s'envole !
Depuis il ne r'parut pas !...
D'pareill' fugu' sont chos' commode !
On en fait d' tous les côtés :
C'est le moyen à la mode
D'franchir les difficultés.

      Vrai Paillasse, etc.

En gambad', culbut' et sauts,
On admir' mon savoir-faire :
Mieux qu' les Clowns de l'Angleterre
J' porte mes jambes sur mon dos !...
Aussi voit-on plus d'une dame
Qui, jalouse de mon art,
Séduit' par certaine gamme,
Se permet le grand écart.

      Vrai Paillasse, etc.

Sans m' fair' mal à l'estomac,
Plus habil' que mes confrères,
J'aval' poignards et vipères
Comm' d'autr' vous chiqu' du tabac.
Ça n'nous sert pas à grand'chose ;
Nous somm' dégotés d'beaucoup,
L'budjet qu'au peuple on impose,

Des malins l'aval' d'un coup.
     Vrai Paillasse, etc.

Sans le quibus, voyez-vous,
Y' a toujours queuqu'chose qui cloche ;
Messieurs, courage à la poche.
Y m' manqu' cinq francs moins cent sous,
Il n'faut pas qu'ça vous effraie,
Je vous l'dis d'bonne amitié,
Si je d'mande qu'on me paie,
C'est afin de mieux l'ver l'pied.
     Vrai Paillasse,
     Sur la place
En équilibre, en audace,
     Toujours
     J'efface et surpasse
Les meilleurs faiseurs de tours.

                GAGNEUX.

MA FEMME ET MA PIPE.

CHANSON DÉDIÉE A M. GAVARNI.

Air : Tout le long de la rivière.

Plains-moi, Philippe, mon ami,
Le sort me traite en ennemi.

Un instant mon âme charmée
Sut se carresser de fumée ;
Un instant m'enivra l'amour ·
Hélas ! tout a fui sans retour !

Suis-je donc né pour le malheur, Philippe,
J'ai perdu ma femme et j'ai cassé ma pipe :
Ah ! combien je regrette ma pipe !

Ma femme était blanche de peau,
Ma pipe était comme un corbeau ;
Elle était simple et pas bégueule
Je m'en servais en *brûle gueule :*
Avec elles deux je chauffais
Mon lit, mes doigts et mon palais !

Suis-je donc né, etc.

La femme veut des petits soins,
Et la pipe n'en veut pas moins :
Je bourrais ma chère compagne
D'amour, de gâteaux, de Champagne
Je bourrais ma pipe souvent
Du fameux tabac du *Levant.*

Suis-je donc né, etc.

Dans le quartier était cité
Notre charmante trinité.
Quand dans la rue ou sur les places
Tous trois nous étalions nos grâces,
L'une sur mon bras se pressait,
L'autre à ma bouche se plaçait.

Suis-je donc né, etc.

Quand, par un caprice à blâmer,
Ma femme me faisait fumer,
Moi j'avais alors un principe :
Je prenais ma blague et ma pipe,
Et las de fumer au moral,
Je savourais *mon caporal.*

Suis-je donc né, etc.

Ma femme avait bien des appas,
Et ma pipe n'en manquait pas.
Que sa jupe était bien portée !
Dieu qu'elle était bien culottée !
J'embrassais l'une en Musulman,
Je fumais l'autre en Allemand.

Suis-je donc né, etc.

CONCLUSION CONSOLANTE.

— Mon cher Fumard, pour ton chagrin
Il est un baume ; c'est du vin !
La femme pour qui tu sanglottes
Souvent te tirait des *carottes,*
Et, grâce à la pipe, au tabac,
Se desséchait ton estomac.
— Tu crois ! allons, verse-moi donc, Philippe,
Verse-moi l'oubli de ma femme et ma pipe...
Ah ! pourtant je regrette ma pipe !

JUSTIN CABASSOL.

LE POSTILLON.

Air de la Poste Royale.

REFRAIN.

Le temps presse,
Doublons de vitesse ;
Montrons notre adresse,
Ne buvons pas trop ;
Soit princesse
Ou petite maîtresse,
Soit bourgeois, altesse
Toujours le galop ;
Car nos chevaux qu'on blesse
Ou caresse,
Vont sans cesse
A briser le grelot.

A la démarche humble ou fière
D'un quidam qui veut partir,
Je devine la barrière
Par laquelle il faut sortir.
  Le temps, etc.

D'un coup d'œil je sais la route
D'un seigneur jadis Frontin ;
Il est courtisan, sans doute ;
C'est la barrière Pantin.
  Le temps, etc.

Et ce jeune homme maussade,
Qui maudit la volupté ;
Dieu ! comme il a le teint fade ;
Barrière de la Santé.
  Le temps, etc.

Pour cet auteur dramatique,
Très possédé , nous dit-on,
D'une fièvre romantique,
Barrière de Charenton.
  Le temps, etc.

Ce batailleur qu'on redoute,
Tuant par goût, par état,

Vrai bouldogue, il prend, sans doute,
La barrière du Combat.

    Le temps, etc.

D'hymen, pour dorer la chaîne,
  Lise a deux amans au plus ;
Prenons pour ce phénomène
La barrière des Vertus.

    Le temps, etc.

Vous qui rongez notre bourse,
Huissiers, juges, avocats,
Montez, et je prends ma course
Pour la barrière des Rats.

    Le temps, etc.

Barrière de la Glacière,
Fille qu'on a pour argent ;
Et barrière Poissonnière
Si l'on mène son amant.

    Le temps, etc.

Quand d'un proscrit qui s'exile,
J'entends avec des soupirs ;
Progrès, liberté, j'enfile

La barrière des Martyrs.
Le temps, etc.

Vous que la paresse énerve,
Licéens, dans un tonneau,
Venez monter votre verve
Barrière de Ramponneau.
Le temps, etc.

Sans pour-boire, ni menace,
J'irais, bravant tout danger,
Barrière du Montparnasse
Si je menais Béranger.
Le temps, etc.

Mais de cette babiole,
Dit le postillon moqueur,
C'est barrière de l'École
Qu'il faudrait mener l'auteur.
Le temps, etc.

CHANU.

LE GOURMAND.

Air : V'là c' que c'est qu'd'alier aa bois.

L'appétit doit, comme l'amour,
Se réveiller avec le jour :
Des bons repas être à la piste,
  En tenir la liste,
  Puis à l'improviste,
Courir au meilleur librement,
V'là c' que c'est qu'un vrai Gourmand.

Rien ne doit le déterminer
A manquer l'heure d'un dîner ;
N'importe celle qu'on veut prendre,
      Vite il doit s'y rendre
      Sans se faire attendre ;
Prêt à toute heure, à tout moment,
V'là c' que c'est qu'un vrai Gourmand.

Celui qui sert dans un repas
Assez souvent ne mange pas.
L'homme à principes, qui raisonne,
      Prend ce qu'on lui donne,
      Et ne sert personne :
Il mange plus et chaudement.
V'là c' que c'est qu'un vrai Gourmand.

Ne s'entretenir de procès,
De la guerre, ni de la paix !
Laisser parler, jaser, médire,
    - Quelquefois sourire,
      Ne jamais rien dire
Que *bien obligé* simplement,
V'là c' que c'est qu'un vrai Gourmand.

9

Goûter de tous les plats qu'on sert,
Du consommé jusqu'au désert ;
A petits coups boire à son aise ;
 Si le dîner pèse,
 Sauter sur sa chaise
Pour le *tasser* honnêtement :
V'là c' que c'est qu'un vrai Gourmand.

CAPELLE.

MISTIGRIS.

Air : C'est un lanla, landerirette.

L est certain personnage
Qui vit gaîment dans son trou;
Qui se cache comme un sage
Et se conduit comme un fou.
Quoique ce soit un bout d'homme,
Le beau sexe en est épris ;
C'est Mistigris que je le nomme,
C'est Mistigris, c'est Mistigris.

Nos bigots en font un diable,
Mais ils l'adorent tout bas;
Les inventeurs de la fable
N'en faisaient pas moins de cas.
Le dieu qui tâtonne en route,
L'aveugle enfant de Cypris;
C'est Mistigris qui n'y voit goutte,
C'est Mistigris, c'est Mistigris.

Ses goûts n'ont rien d'équivoque,
Bien qu'on nous puisse assurer
Qu'il est sorti d'une coque
Où toujours il veut rentrer.
Mais l'hymen le vient-il prendre
Adieu ses goûts favoris.
C'est Mistigris qu'on mène pendre
C'est Mistigris, c'est Mistigris.

Bien tempéré par l'église,
Abélard devenu gras,
Voulut revoir Héloïse
Qui ne le reconnut pas.
Rappelez-vous nos merveilles,
Dit l'amant des plus contrits ;
C'est Mistigris sans ses oreilles ,
C'est Mistigris, c'est Mistigris.

Un jour le petit profane,
Dans un féminin couvent,
Vient soulever la soutane
D'un prédicateur fervent.
Miracle ! crie une mère
A l'auditoire surpris ;
C'est Mistigris qui monte en chaire,
C'est Mistigris, c'est Mistigris.

L'école de notre ville
A cent médecins titrés ;
Mais plus qu'eux il est habile,
Et prend ailleurs ses degrés ;
Belle qu'agite un cœur tendre,
Pour voir tous vos maux guéris ;
C'est Mistigris qu'il vous faut prendre,
C'est Mistigris, c'est Mistigris.

Comme la gloire l'emporte,
A la guerre il s'en ira.
Quand d'une place un peu forte
Le siège l'achèvera,
Que son étui le repêche
Et porte ces mots écrits :
C'est Mistigris mort sur la brèche,
C'est Mistigris, c'est Mistigris.

Attribuée à BÉRANGER

TABLE.

—

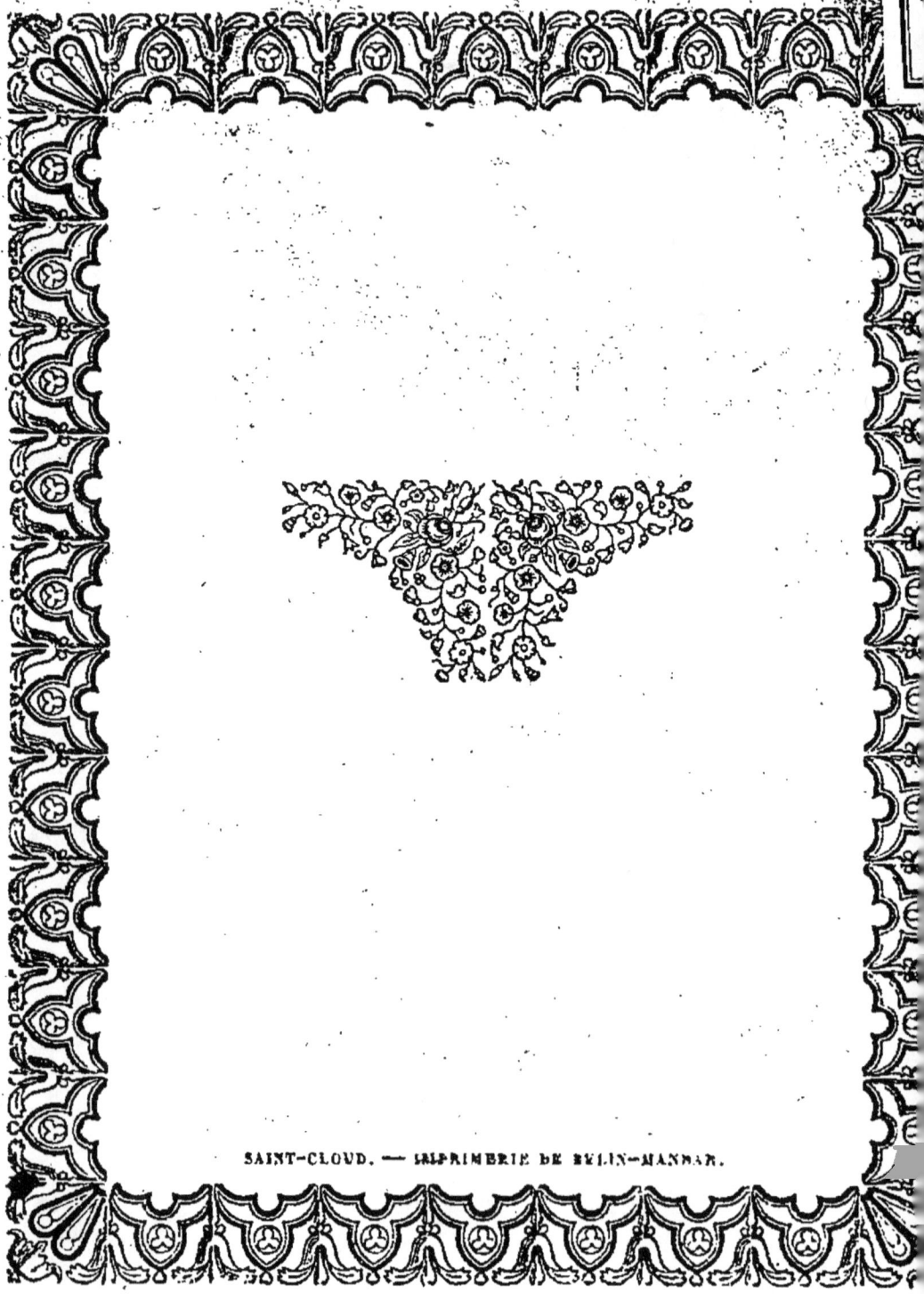

SAINT-CLOUD. — IMPRIMERIE DE BELIN-MANDAR.